No reproduction without permission.
Printed in the USA
© 2012 Olive Wreath Press
All rights reserved.

THE CATALAN PHRASEBOOK

BY JORDI RÀFOLS

CONTENTS

1	Most common expressions	1
2	At the airport	3
3	Introductions	5
4	Directions	9
5	At the hotel	13
6	Medical Issues	17
7	Shopping	21
8	At the restaurant	33
9	Entertainment	37
10	Problems	39
11	Changing money	41
12	General reference information	43

1. Most Common Expressions

Hello!	Hola!
Yes (formal)	Si
Yes/Yeah (informal)	Si
I can't speak Catalan	No parlo bé el català
Maybe	Potser
No, thank you	No, gràcies
I'm sorry	Ho sento
Excuse me	Perdona'm
Please	Si us plau
How much do you want for this?	Quant costa això?
Excuse me, where is the res	Perdona, on estan els lavabo
Do you understand English?	Entens anglès?
Do you speak English?	Parles anglès?

Just a minute	Un moment
That's alright	Val / D'acord
What did you say?	Que dius?
It doesn't matter	No passa res
I don't speak Catalan	No parlo català
I speak only a little Catalan	Només parlo un poc de català
I don't understand Catalan	No entenc el català
I understand only a little Catalan	Només entenc un poc de català
I'm sorry, could you repeat that?	M'ho pots repetir, si us plau?
How do you say ... in Catalan?	Com es diu ... en català?
What does that mean?	Que vol dir això?
Please, repeat	Repeteix-ho, si us plau

2. AT THE AIRPORT

Passport	Passaport
Ticket	Bitllet
Where did you arrive from?	D'on véns?
Where are you traveling?	A on viatges?
How many bags do you have?	Quantes maletes portes?

3. Introductions

My name is John	Em dic John
What is your name?	Com et dius?
Nice to meet you	Molt de gust
How are you?	Com va? / Com estàs?
Good/ very good	Bé / Molt bé
And you	I tu?
Alright	Bé
So-so	Així i aixà
Bad	Malament
Bye	Adéu
Goodbye	Adéu
This is my...	Aquesta es la meva...
... wife	...dona
...girlfriend	...xicota
...daughter	...filla

This is my...	Aquest es el meu...
....boyfriend	...xicot
...son	...fill
I work for...	Treballo per ...
I'm here...	Estic aquí...
...on vacation	...de vacances
...for work	...per motius de treball
I'm here...	Vinc / Sóc
...from United States	...dels Estats Units
I am married	Estic casat
I am single	Estic solter
Yes	Si
I understand	Entenc
Not	No
Do you understand	Entens?
Excuse me/Sorry	Perdó / Disculpa

I'm an American	Sóc americà
I live in...	Visc a ...
I speak English	Parlo anglès
Do you speak English?	Parles anglès?
I speak Catalan	Parlo català
A little	Una mica
Do you speak Catalan	Parles català?
Pleasure to do business with you	Es un plaer fer negocis amb tu
I have an appointment with	Tinc una cita amb...
Here is my business card	Aquesta es la meva targeta de visita
I work for	Treballo per...
Do you want?	Vols...?
I want...	Vull...

I don't want...	No vull...
...to eat	...menjar
...to drink	...beure
I want to go...	Vull anar
I don't want to go...	No vull anar
...to the restaurant	...al restaurant
...to the hotel	...a l'hotel
...to a concert	...a un concert
...home	...a casa
...to the movies	...al cinema
...for a walk	...a fer un volt / a passejar
Thank you	Gràcies
Please/You're welcome	De res

4. Directions

General directions	
To the left	A l'esquerra
To the right	A la dreta
Straight	De dret / Tot dret
Back	Enrere
Take the first left/right	Gira la primera a l'esquerra / la dreta
Near the building	A la vora de l'edifici
Far	Lluny
Not far	A la vora
By foot	A peu
By car	En cotxe
On the bus	Amb l'autobús
How do I get to	Com es va ...
... the airport	...a l'aeroport

... the hotel?	... a l'hotel?
... the movie theater?	... al cinema?
... the museum?	... al museu?
... the restaurant?	... al restaurant?
... the café?	... a la cafeteria?
... the mall?	... a correus?
... the gas station?	... a la gasolinera?
... the bazaar?	... al mercat / al basar / als encants?
... the restroom?	... als lavabos?
...the train station?	... a l'estació?
... the street?	... al carrer?
Is there...	Hi ha ... (allà)?
...a bank?	...un banc
...a bus stop ?	... una parada d'autobús
...a café?	... una cafeteria
...a store?	... una botiga

...a church?	... una església
...a cinema?	... un cinema
...a currency exchange?	... un canvi de divises
...a drugstore?	... una farmàcia
...a dry cleaners?	... una tintoreria
...a gas station?	... una gasolinera
...a hospital?	... un hospital
... a parking lot?	... un aparcament
... a restroom?	... lavabos

5. At the hotel

Hi, I have a reservation	Hola, tinc una reserva
My name is...	El meu nom es...
I need a room, please	Voldria una habitació, si us plau
We need two rooms please...	Necessitem dos habitacions ... si us plau
... with one bed	...amb un llit ...
... with two beds	... amb dos llits ...
It's for...	Es per...
... a few days	...uns quants dies
... a week	...una setmana
... two weeks	...dues setmanes
Is breakfast included?	El desdejuni està inclòs?
What time is breakfast served?	A quina hora és el desdejuni?
Could I look at the rooms?	Puc veure les habitacions, si us plau?

What time do I have to vacate the room?	A quina hora haig de deixar l'habitació?
Could I reserve a room, please?	Puc reservar una habitació, si us plau?
Likely answers:	
Yes	Sí
No	No
We don't have available rooms	No tenim habitacions lliures
No, thank you	No, gràcies
I need...	Necessito ...
...another blanket	...un altre llençol / un llençol més
...another pillow	...un altre coixí / un coixí més
...another towel	...una altra tovallola / una tovallola més
...more soap	...més sabó
...a razor	...una màquina d'afaitar

...a hair dryer	...un assecador
Please, some more...	Una mica més de...
...tea	...te
...coffee	...cafè
...water	... aigua
...juice	...suc
...milk	...llet
...bread	...pa
...eggs	...ous
Come in	Endavant / Avant
Later, please	Més tard, si us plau
I need a taxi, please	Necessito un taxi, si us plau

6. Medical Issues

Major Issues	
I need …	Necessito…
… a doctor	… un metge
… a hospital	…un hospital
My head hurts	Em fa mal el cap
My stomach hurts	Em fa mal l'estómac
My arm hurts	Em fa mal el braç
My hand hurts	Em fa mal la mà
My leg hurts	Em fa mal la cama
My foot hurts	Em fa mal el peu
My back hurts	Em fa mal l'esquena
My ear hurts (outside)	Em fa mal l'orella
(inside)	Em fa mal la oïda
My kidney hurts	Em fa mal el ronyó
My neck hurts	Em fa mal el clatell

My throat hurts	Em fa mal el coll
It hurts right here	Em fa mal aquí
The pain is sharp	És un dolor punxant
The pain is not sharp	No és un dolor punxant
It hurts sometimes	Fa mal de tant en tant
It hurts all the time	Fa mal contínuament
I lost...	He perdut...
...my glasses	...les ulleres
...my contact lenses	...les lents de contacte
...my prescription medication	...les meves medecines receptades
I have a cold	Estic constipat
I need some aspirin	Necessito aspirines
I have a fever	Tinc febre
I feel dizzy	Estic marejat
I have a...	Tinc...
...high blood pressure	....la pressió alta

...asthma	...asma
...diabetes	...diabetes

7. Shopping

Hello/Hi	Hola
I need help, please	Necessito ajuda, si us plau
I'm just looking	Estic mirant, només
Yes, please	Si, si us plau
No, thank you	No, gràcies
Could I try this on please?	M'ho puc provar , si us plau?
How much does this cost?	Quant costa això?
I like this	Això m'agrada
I don't like this	Això no m'agrada
That's too expensive	Això es molt car
Could you lower the price?	Pots baixar-li el preu?
Is this on sale?	Està a la venda això?
I'll take this	M'emporto això

Clothes

I need to buy...	Tinc que comprar ...
...a belt	... un cinturó
...a bathing suit	...un banyador
... a coat	...un abric
... a tie	...una corbata
... a bra	... un sostenidor
...panties	... unes calces
...a sweater	...un suèter
...a shirt	...una camisa
...a jacket	...una jaqueta
... socks	...mitjons
...pants	...pantalons
...jeans	... vaquers / texans
... briefs	...calçotets
...boxers	...pantalons curts

...gloves	...guants
...shoes	...sabates
...a skirt	...una faldilla
... a hat	...un barret
Do you have this in...	Tens això en...
...black	...negre
...blue	...blau
...brown	...marró
...green	...verd
...gray	...gris
...pink	...rosa
...red	...vermell
...white	...blanc
...yellow	...groc
Payment	
Do you take...	Agafeu...

...credit cards?	... targeta de crèdit?
...cash?	... efectiu?
...dollars?	... dòlars?
...checks?	... xecs?
Likely responses	
Can I help you?	Puc ajudar-te?
Do you need anything else?	Necessites alguna cossa més?
What would you like?	Que voldries?
Yes, of course	Si, clar
No, I'm sorry	No, ho sento
Disputes	
This is a mistake	Això es una equivocació
Food	
Hello	Hola
Where is the supermarket?	On està el supermercat?

Where is the store?	On està la botiga?
I need some help	Necessito ajuda
I'd like to buy	Voldria comprar ...
On està ...	
...bread?	... el pa?
...eggs?	... n els ous?
...butter?	... la mantega?
...sour cream?	... la nata agra?
...rice?	... l'arròs?
½ kilos	mig quilo
¾ kilos	tres quarts de quilo
1 kilo	Un quilo
2 kilos	dos quilos
3 kilos	Tres quilos
4 kilos	Quatre quilos
Meat	Carn

Beef	Bou
Pork	Porc
Chicken	Pollastre
Lamb	Anyell
Mutton	Xai
Veal	Vedella
Shrimp	Gambes
Fish	Peix
Salmon	Salmó
Sturgeon	Esturió
Cod	Bacallà
Fruit	
Strawberry	Maduixes
Apple	Poma
Apricot	Albercoc
Banana	Banana

Cherry	Cireres
Grapefruit	Aranja
A melon	Meló
Pear	Pera
Pineapple	Pinya
Grapes	Raïm
Raspberry	Gerd
Vegetables	
Carrots	Pastanaga
Cabbage	Col
Eggplant	Albergínia
Mushrooms	Xampinyons / Bolets
Peas	Pèsols
Green peppers	Pebrot verd
Red peppers	Pebrot roig
Potatoes	Patates

Drinks	
Wine	Vi
Beer	Cervesa
Vodka	Vodka
Whiskey	Whisky
Cognac	Conyac
Milk	Llet
Mineral water	Aigua mineral
Juice	Suc
Tea	Te
Desserts	Postres
Cake	Pastís
Ice cream	Gelats
Condiments	
Where is...	On està...
...the sugar?	... el sucre?

...the salt?	... la sal?
...the tea?	... el te?
...the ketchup?	... el quètxup?
...the sour cream?	... la nata agra?
...the mayonnaise?	... la maionesa?
...the vinegar?	... el vinagre?

Electronics

Hello	Hola
I need to buy...	Necessito....
...batteries	... piles
...a camera	... una càmera
...CD player	...un reproductor de CD
...headphones	... auriculars

Smoking items

Hi, I need...	Hola, voldria
...a pack of cigarettes	...un paquet de cigarrets

...two packs, please	...dos paquets, si us plau
...three packs	...tres paquets
...a lighter	...un encenedor
...some matches	...fòsfors / llumins

Shopping for drugs

Where is the pharmacy?	On està la farmàcia?
Hi, I need...	Hola, necessito ...
...some aspirin	...aspirines
...a bandage	...benes
...some antiseptic	...antisèptics
...insect repellent	...repel·lent d'insectes
...lip balm	...bàlsam labial
I need medication for...	Necessito medicaments per...
...bites	...picades d'insectes
...cold	...un constipat
...headache	...el mal de cap

...flu	...la grip
...sunburn	... una cremada de sol
Do you have...	Teniu ...
...deodorant?	... desodorant?
...shaving crème?	... escuma d'afaitar?
...razors?	... màquines d'afaitar?
...some soap?	... sabó?
...some sunscreen?	...protector solar?
...some tampons?	... tampons?
...some toilet paper?	... paper higiènic?
...some toothpaste?	... dentífric?
...some mouthwash?	... elixir bucal?

Miscellaneous Items

Necessito...

...a pen	...un bolígraf
...a guidebook	...una guia turística

...a bag	...una bossa
...a map	...un mapa
...a postcard	...una postal
...some paper	...paper de cartes
...fork	...una forquilla
...knife	...un ganivet
...a flashlight	...una llanterna

8. At the Restaurant

Hello	Hola
I need a table please	Voldria una taula, si us plau
I need a table...	Voldria una taula...
... for two	...per a dos
... for three	... per a tres
... for four	... per a quatre
Can we sit outside?	Ens podem asseure fora?
I'd like to see the menu, please	Voldria veure la carta, si us plau
Can we sit inside, please	Ens podem asseure dintre, si us plau?
I have a reservation	Tinc una reserva
I'd like to make a reservation	Voldria fer una reserva
Do you have an English menu?	Teniu la carta en anglès?

Drinks

Could you bring me the wine list?	Puc veure la carta de vins?
Could I have some...	Voldria.... si us plau
...wine?	... un vi
...beer?	... una cervesa
...vodka?	... un vodka
...whiskey?	... un whisky
...cognac?	... un conyac
...milk?	... un got de llet
...mineral water?	... un aigua mineral
...orange juice?	... un suc de taronja
...grapefruit juice?	... un suc d'aranja
...apple juice?	... un suc de poma
...tea?	... un te
I'd like a glass of...	Voldria una copa de...
...red wine	...vi negre

...white wine	...vi blanc
...champagne	...cava / xampany
I'd like a bottle of...	Voldria una ampolla de...
...red wine	...vi negre
...white wine	...vi blanc
...champagne	...cava / xampany
I'd like some...	Voldria ...
...soup	...una sopa
...salad	...una amanida
Deserts	
Cake	Pastís
Chocolate	Xocolata
Ice cream	Gelat

9. Entertainment

Is there a nightclub nearby?	Hi ha alguna discoteca a la vora?
Where is the museum?	On està el museu?
Where is the nightclub?	On està la discoteca?
Where is the theater?	On està el teatre?
Where is the zoo?	On està el zoològic?
Where is the swimming pool?	On està la piscina?

10. Problems

Police	Policia / Mossos d'Esquadra
I have a complaint	Tinc una queixa
Lost items	
I have lost...	He perdut
...my passport	...el passaport
...my documents	...la meva documentació
...my ticket	...el meu bitllet
...my wallet	...la meva cartera
...my bag	...la meva bossa
...my clothes	...la meva roba
...my glasses	...les meves ulleres
Defective items	
I bought this recently...	Fa poc que he comprat això...
...at the store	... al magatzem
...at the bazaar	... al mercat / al basar / als

This item is defective	Aquest article és defectuós
I have the receipt	Tinc el tíquet
I don't have the receipt	No tinc el tíquet
I need a refund	Vull que em retornin els diners
I want to exchange the item	Vull canviar l'article
I need to see the manager	Vull parlar amb el gerent / amb l'encarregat

11. Changing money

Bank	Banc
Money exchange	Canvi de divises
Where can I exchange money?	On puc canviar divises?
What is the exchange rate?	Com està el tipus de canvi?
I need to exchange this please	Voldria canviar aquests diners, si us plau
I need to cash this check	Voldria cobrar aquest xec
Here is...	Aquí està...
...my passport	...el passaport

12. GENERAL REFERENCE INFORMATION

When	Quan
Right now	Ara mateix
Later	Més tard
Not right now	Ara no
Maybe	Potser
Where	On
Here	Aquí
There	Allà
Far/Not far	Lluny / A la vora
Good	Bo
Bad	Dolent
Expensive	Car
Cheap	Barat
What time is it?	Quina hora es?
How much?	Quant?

One	Un
Two	Dos
Three	Tres
Four	Quatre
Five	Cinc
Six	Sis
Seven	Set
Eight	Vuit
Nine	Nou
Ten	Deu
Eleven	Onze
Twelve	Dotze
Thirteen	Tretze
Fourteen	Catorze
Fifteen	Quinze
Sixteen	Setze

Seventeen	Disset
Eighteen	Divuit
Nineteen	Dinou
Twenty	Vint
Thirty	Trenta
Forty	Quaranta
Fifty	Cinquanta
Sixty	Seixanta
Seventy	Setanta
Eighty	Vuitanta
Ninety	Noranta
One hundred	Cent
Two hundred	Dos-cents
Three hundred	Tres-cents
Four hundred	Quatre-cents
Five hundred	Cinc-cents

Six hundred	Sis-cents
Seven hundred	Set-cents
Eight hundred	Vuit-cents
Nine hundred	Nou-cents
One thousand	Mil
Two thousand	Dos mil
I have	Tinc
You have	Tens

Printed in Great Britain
by Amazon.co.uk, Ltd.,
Marston Gate.